Glamour event

Anlässe, sich besonders schön zu schmücken, gibt es viele. Für die meisten Frauen ist es mit einem tollen Kleid nicht getan – natürlich muss auch der Schmuck zur Kleidung und dem jeweiligen Anlass genau passen. Erst dann ist das Outfit wirklich perfekt!

Wer also auf dem nächsten Event auffallen möchte, macht sich seinen Schmuck selbst. Ob auf einer großen Abendveranstaltung oder einer wilden Partynacht, vielleicht sogar auf der eigenen Hochzeit, mit selbst kreierten Schmuckstücken ernten Sie immer bewundernde Blicke.

Die Motive lassen sich in folgende Schwierigkeitsgrade unterteilen:

○ ○ ○ einfach ○ ○ ○ etwas schwieriger ○ ○ ○ anspruchsvoll

LEGENDE

Am häufigsten verwendete Perlen:

- Swarovski®-Kristall-Schliffperle, ø 4 mm
- Swarovski®-Kristall-Schliffperle, ø 6 mm
- Swarovski®-Kristall-Schliffperle, ø 8 mm
- Swarovski®-Kristall-Würfel, 4 mm x 4 mm
- Swarovski®-Kristall-Würfel, 6 mm x 6 mm
- Swarovski®-Kristall-Würfel, 8 mm x 8 mm
- Swarovski®-Kristall-Olive, 6 mm x 4 mm
- Swarovski®-Kristall-Tropfen, 11 mm x 5,5 mm
- Swarovski®-Kristall-Herz, 10,3 mm x 10 mm
- Swarovski®-Kristall-Blüte, ø 8 mm
- Strassstein zum Aufnähen, ø 4 mm
- Glasschliff-Perle, ø 3 mm
- Glasschliff-Perle, ø 4 mm
- Glasschliff-Perle, ø 6 mm
- Quetschperle, ø 1,8 mm
- Rocaille, ø 2 mm
- Glasschliff-Radl, 6 mm x 3 mm

Die wichtigsten Materialien

Kristall-Schliffperlen von Swarovski®

Kristall-Schliffperlen bestechen durch ihre klaren, wunderschönen Farben und ihren präzisen Schliff. Für die gezeigten Schmuckstücke werden verschiedene Formen verwendet.

Glasschliff-Perlen

Glasschliff-Perlen werden in verschiedenen Größen, Farben und Formen verwendet. Sie sind gelüstert, das heißt, sie schimmern regenbogenartig.

Rocailles

Rocailles sind Glasperlen. Sie werden in verschiedenen Größen und einer großen Farbauswahl angeboten.

Kunststoffummantelter Schmuckdraht

Kunststoffummantelter Stahldraht, ø 0,4 mm, wird in verschiedenen Farben und Stärken angeboten.

Nylonfaden

Nylonfaden, ø 0,25 mm, wird für die meisten Schmuckstücke benötigt.

Quetschperlen

Quetschperlen sind Metallperlen, die mit einer Flachzange zusammengedrückt werden und so Nylonfaden und Schmuckdraht einklemmen. Sie sind silbern und golden erhältlich. Sie werden zum Anbringen von Verschlüssen und Fixieren einzelner Perlen auf Schmuckdraht verwendet.

Hilfsmittel

Quetschkalotten

Quetschkalotten in Silber und Gold werden zum Anbringen von Verschlüssen verwendet.

Verschlüsse

Im gut sortierten Fachgeschäft sind verschiedene Modelle erhältlich.

Ringel

Ringel, oval oder rund, sind in Silber, Gold und unterschiedlichen Größen erhältlich. Sie verbinden Quetschkalotte und Verschluss und dienen zum Anbringen von Schmuck-Accessoires.

Prismenstifte

Prismenstifte sind Drahtstifte, die auf einer Seite ein flaches Köpfchen haben. Sie sind in Silber und Gold und in verschiedenen Längen erhältlich.

Kettelstifte

Kettelstifte sind Drahtstifte, die auf einer Seite eine kleine Öse haben. Sie sind in Silber und Gold und in verschiedenen Längen erhältlich.

Die benötigten Hilfsmittel werden in den einzelnen Materiallisten nicht nochmals aufgeführt.

Moosgummiplatte

Eine Moosgummiplatte als Arbeitsunterlage verhindert das Wegspringen der Perlen.

Alleskleber

Mit Alleskleber die verknoteten Nylonfäden sparsam betupfen und dadurch zusätzlich sichern.

Nähnadel

Nähnadel zum Nähen von Kunstfell oder echtem Fell.

Schere

Sehr kleine, spitze Schere zum Kürzen des Nylonfadens.

Pinzette

Eine schmale, gerade und möglichst spitze Pinzette ist immer eine große Hilfe.

Kneifzange

Kleine Kneifzange zum Durchtrennen von Schmuckdraht.

Flachzange

Eine schmale Flachzange zum Zusammendrücken von Quetschperlen und Quetschkalotten.

Rundzange

Eine Rundzange um Ösen zu biegen.

Zahnstocher

Zum gezielten Anbringen von Klebstoff.

Tipp: Draht sollten Sie nicht mit einer Schere schneiden, die Sie noch anderweitig verwenden möchten.

Benutzen Sie keinen Sekundenkleber, da der Nylonfaden sonst brüchig wird!

Sie sollten sich unbedingt an die Größenangaben der Perlen halten, damit die Schmuckstücke gelingen.

Die Farben der Schmuckstücke können Sie nach Ihrem Geschmack abändern.

Hinweis: Um die Skizzen übersichtlich zu machen, werden die im Arbeitsschritt neu hinzukommenden Perlen dunkler als die bereits aufgefädelten Perlen dargestellt.

So wird's gemacht

Fixieren von Perlen

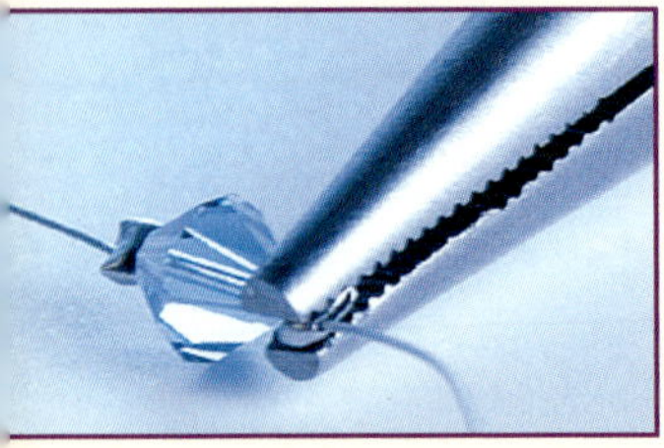

Auf Schmuckdraht oder Nylonfaden eine Quetschperle, eine Schmuckperle und eine weitere Quetschperle fädeln. In der gewünschten Position die Quetschperle mit der Flachzange kräftig zusammendrücken.

Anbringen von Verschlüssen

Am Ende des Schmuckdrahtes bzw. Nylonfadens eine Quetschperle durch kräftiges Zusammendrücken anbringen. Draht bzw. Faden ca. 1 mm nach der Quetschperle abzwicken. In die Quetschkalotte etwas Kleber tupfen. Das Ende des Drahtes bzw. Fadens einlegen und die Quetschkalotte mit der Flachzange zusammendrücken. Mithilfe eines Ringels den Verschluss in die Öse der Kalotte einhängen.

Fädeln auf Nylonfaden

Die Fädeltechniken werden bei den einzelnen Modellen genau und mit Skizzen beschrieben.
Der Faden wird häufig durch eine Perle gekreuzt. Dies bedeutet, dass die beiden Fadenenden in entgegengesetzter Richtung durch eine Perle geführt werden.

Wichtig: Beim Fädeln unbedingt auf gute Fadenspannung achten!

Bei Ringen zur Stabilisierung die Ringschiene nochmals zurückfädeln.
Bei allen Fädelarbeiten die Fäden an einer unauffälligen Stelle miteinander verknoten. Mithilfe eines Zahnstochers Alleskleber auf den Knoten geben, dann nochmals verknoten. Den Knoten möglichst in eine Perle ziehen, dann die überstehenden Fadenenden abschneiden.
Statt zu knoten können Sie die Fäden so lange im Muster verweben, bis sie fest sitzen. Eine sehr elegante, aber etwas mühevolle Arbeit.

Einsatz einer Stopperperle

Als Stopperperle kann jede beliebige Perle verwendet werden. Den Faden zweimal durch die Bohrung ziehen. Somit ist die Perle fixiert und verhindert das Wegrutschen bereits aufgefädelter Perlen. Gemäß jeweiliger Anleitung die Stopperperle wieder entfernen und weiterarbeiten.

Kombinationsleitfaden

Bei einigen Schmuckstücken finden Sie dieses Symbol in verschiedenen Farben. Dieses zeigt Ihnen, welches andere im Buch gezeigte Schmuckstück dazu passt.

Für die extravagante Braut

→ kostbarer Stirnschmuck

WEITERFÜHRUNG

Für die extravagante Braut

1 Auf einen Nylonfaden drei Swarovski®-Perlen (ø 8 mm) fädeln und die Fadenenden durch eine weitere große Swarovski®-Perle kreuzen. Arbeitsstück in die Mitte des Fadens ziehen. Auf jeden Faden eine kleine Swarovski®-Perle aufnehmen und die Fäden durch den Strassstein kreuzen. Auf jeden Faden eine weitere kleine Swarovski®-Perle aufnehmen und die Fäden durch die in Abb. 1 mit Pfeil markierte Swarovski®-Perle kreuzen.

2 Zunächst einen der Fäden hängen lassen, evtl. mit Stopperperle sichern (siehe Seite 4). Auf den anderen Faden sieben

MATERIAL

- ca. 130 – 160 Swarovski®-Perlen in Mondstein, ø 4 mm
- 4 Swarovski®-Perlen in Mondstein, ø 8 mm
- 6 Swarovski®-Kristall-Tropfen in Mondstein, 11 mm x 5 mm
- Strassstein zum Aufnähen in Kristall, ø 4 mm
- 4 Quetschperlen in Silber, ø 1,8 mm
- Nylonfaden, ø 0,25 mm, 2 x ca. 1 m lang
- 2 Haarnadeln oder Klammern

Seite 8

Abb. 1

Abb. 2

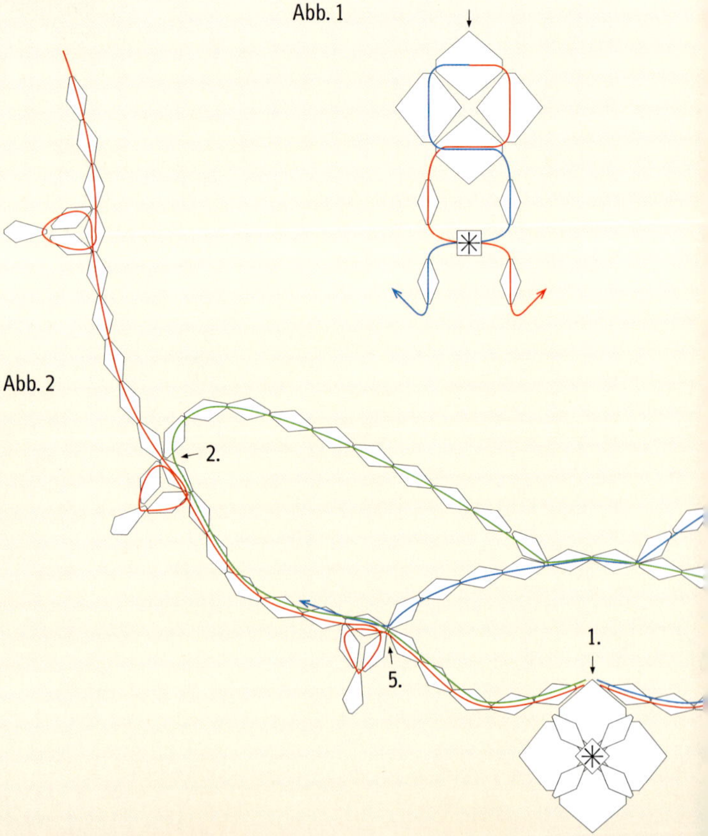

Swarovski®-Perlen, einen Swarovski®-Kristall-Tropfen und eine weitere Swarovski®-Perle aufnehmen. Faden ein weiteres Mal durch die sechste Swarovski®-Perle führen. Diesen Rapport noch zweimal wiederholen (Abb. 2, Faden rot dargestellt). Stopperperle am anderen Fadenende entfernen und das Muster analog arbeiten.

Tipp: Wie viele Swarovski®-Perlen nach diesem Rapport noch auf beiden Seiten aufgenommen werden müssen, hängt sehr stark von Haarlänge und Frisur ab. Hier sollten Sie vor dem Spiegel probieren oder am besten beim Frisör nachfragen. Er kann Ihnen auch sagen, ob Sie den Schmuck in Ihrer Frisur besser mit Haarklammern oder Haarnadeln befestigen.

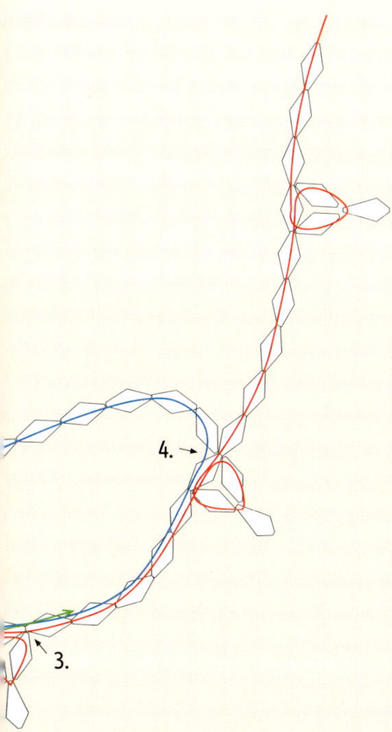

3 Den zweiten Nylonfaden durch die in Abbildung 2 mit Pfeil 1 markierte große Swarovski®-Perle ziehen und mittig legen. Er ist zum besseren Verständnis in der Abbildung in zwei Farben (Blau und Grün) dargestellt.

4 Wieder zunächst ein Fadenende (blau) hängen lassen und durch eine Stopperperle sichern. Das andere Fadenende (grün dargestellt) durch die bereits aufgereihten Swarovski®-Perlen bis zum Ende des zweiten Rapports ziehen (Pfeil 2) und dort austreten lassen. 16 Swarovski®-Perlen aufreihen und an der gegenüberliegenden Seite (Pfeil 3) wieder in die bereits aufgereihten Swarovski®-Perlen ziehen und zum Ende des Schmuckstückes weiterführen. Hier auf beide Fäden zwei Quetschperlen fädeln, beide Fäden zu einer kleinen Schlinge legen, durch die Quetschperle und einige Swarovski®-Perlen zurückführen, dann die Quetschperlen fixieren und die Fäden abschneiden. Die Stopperperle am anderen Fadenende entfernen und den Faden bei Pfeil 4 austreten lassen. Zehn Swarovski®-Perlen aufnehmen, den Faden durch die elfte und zwölfte, vorher aufgenommene Perle ziehen. Weitere vier Swarovski®-Perlen aufnehmen und den Faden bis Pfeil 5 ins Arbeitsstück und bis ans Ende des Schmuckes ziehen. Hier ebenso Quetschperlen anbringen.

5 In die kleinen Schlingen eine Haarklammer oder eine Haarnadel einhängen.

Für die romantische Braut

→ zauberhafte Kombination mit Blume

Ring

1 Zwei Swarovski®-Kristall-Tropfen auf den Nylonfaden ziehen und die Fadenenden durch einen dritten Tropfen kreuzen. Arbeitsstück in die Mitte des Fadens ziehen. Auf jeden Faden einen Tropfen aufnehmen und die Fadenenden durch einen weiteren Tropfen kreuzen. Diesen Vorgang ein weiteres Mal wiederholen (Abb. 1).

2 Auf jeden Faden einen weiteren Tropfen aufnehmen und durch einen der zuerst aufgereihten Tropfen kreuzen. Die Tropfen durch Anziehen der Fäden bündeln und die Ringschiene ausarbeiten. Hierfür auf jeden Faden drei Rocailles aufnehmen und die Fäden durch eine Glasschliff-Perle kreuzen. So lange wiederholen, bis die Schiene ausreichend lang ist. Durch Kreuzen der Fäden im mit Pfeil markierten Tropfen schließen (Abb. 2).
Die Ringschiene zur Stabilisierung wieder zurückfädeln und dann gemäß Seite 4 den Ring fertig stellen.

Collier mit Blüte

1 Auf den Silberdraht neun Swarovski®-Perlen und eine Rocaille aufnehmen. Draht durch die neunte Swarovski®-Perle zurückfädeln und weitere neun Swarovski®-Perlen aufnehmen. Beide Drahtenden durch ein beliebiges Loch ganz am Rand des Siebes der Anhängerplatine führen (Abb. 1, Seite 11). Mit dem Drahtende auf die gleiche Art fünf weitere Blätter ausarbeiten. Auf eine gleichmäßige Vertei-

MATERIAL
RING

- 11 Swarovski®-Kristall-Tropfen in Mondstein, 11 mm x 5 mm
- ca. 7–11 Glasschiff-Perlen in Bergkristall, ø 4 mm
- Rocailles in Silber, ø 2 mm
- Nylonfaden, ø 0,25 mm, ca. 1,50 m lang

Seite 5

Seite 12

Abb. 1

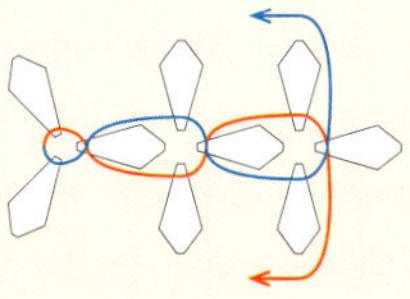

Abb. 2

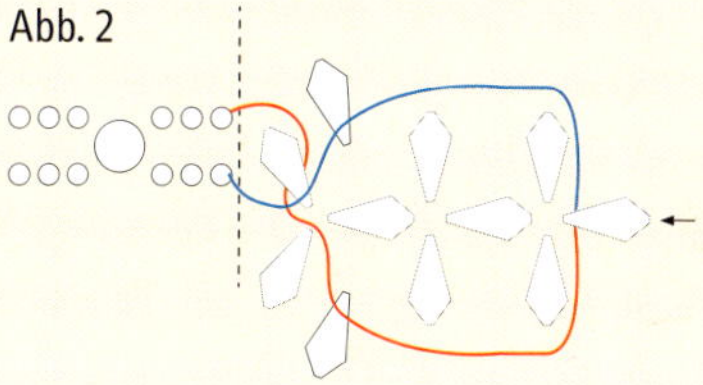

WEITERFÜHRUNG

Für die romantische Braut

COLLIER MIT BLÜTE

- 112 Swarovski®-Perlen in Mondstein, ø 4 mm
- 5 Swarovski®-Perlen in Mondstein, ø 6 mm
- 5 Swarovski®-Kristall-Blüten in Mondstein, ø 6 mm
- ca. 63 Glasschliff-Oliven in Bergkristall, 6 mm x 4 mm
- Rocailles in Weiß perlmutt, ø 2 mm
- 36 Quetschperlen in Silber, ø 1,8 mm
- 2 Quetschkalotten in Silber, ø 4 mm
- 2 Ringel in Silber, oval, 5,2 mm x 3,7 mm
- runde Schmuckschließe mit Strass in Silber
- Schmuckdraht in Silber, ø 0,3 mm, 4 x ca. 50 cm lang
- Silberdraht, ø 0,3 mm, ca. 1 m lang
- Nylonfaden, ø 0,25 mm, ca. 1 m lang
- Anhängerplatine mit Sieb in Silber, ø 25 mm

Seite 12

lung um das Sieb herum achten. Drahtenden auf der Rückseite der Platine verdrehen und überschüssigen Draht abzwicken.

2 Die vier Schmuckdrahtstücke gemäß Abbildung 2 durch das Sieb führen und mit Quetschperlen fixieren. Die Blümchen und Swarovski®-Perlen gemäß Abb. 4 mit Quetschperlen auf den nach unten hängenden Strängen fixieren.

3 Den Nylonfaden durch zwei nebeneinander liegende Löcher des Siebes ziehen und auf der Unterseite verknoten. Gemäß Abbildung 3 immer drei Rocailles aufnehmen und den Faden durch das nächste Loch auf die Unterseite und das übernächste wieder auf die Oberseite des Siebes ziehen. Wieder drei Rocailles aufnehmen und so weiterarbeiten. In der Blütenmitte als Glanzlichter dreimal eine Swarovski®-Perle (ø 4 mm) einarbeiten, dazu statt der mittleren Rocaille eine Swarovski®-Perle auffädeln. Das komplett mit Perlen versehene Sieb in den Kessel legen und die Krallen mit einer Flachzange nach innen biegen.

4 Die Kette aus Glasschliff-Oliven arbeiten. Dazu gemäß Abbildung 2 auf den Schmuckdraht A, B, C und D je sechs Oliven aufnehmen. Draht A und B sowie C und D mit einer Quetschperle zusammenfassen, diese durch Zusammendrücken fixieren. Auf die zusammengefassten Drähte weitere Oliven aufnehmen, bis die entsprechende Kettenlänge erreicht ist. Am Ende mit je einer Quetschperle fixieren. Die Drahtenden dahinter abzwicken und mit Quetschkalotten und Ringeln den Verschluss anbringen (siehe Seite 4).

Tipp: Wenn Sie das Collier nicht als Brautschmuck tragen möchten, können Sie es auch farbig arbeiten. Hübsch ist es auch, wenn die Brautjungfern das Collier farblich passend zu ihren Kleidern tragen.

Abb. 1

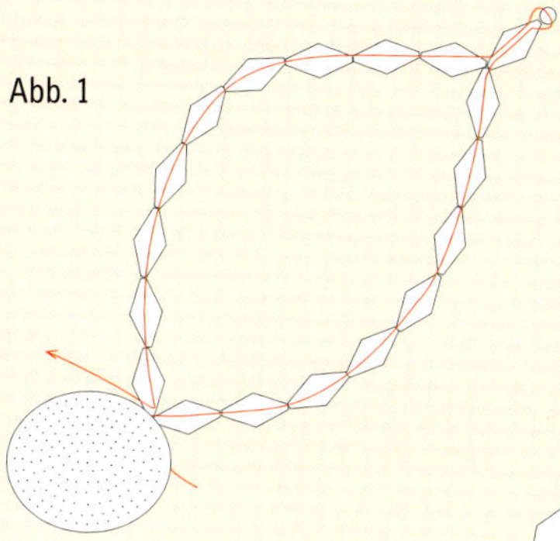

Abb. 2

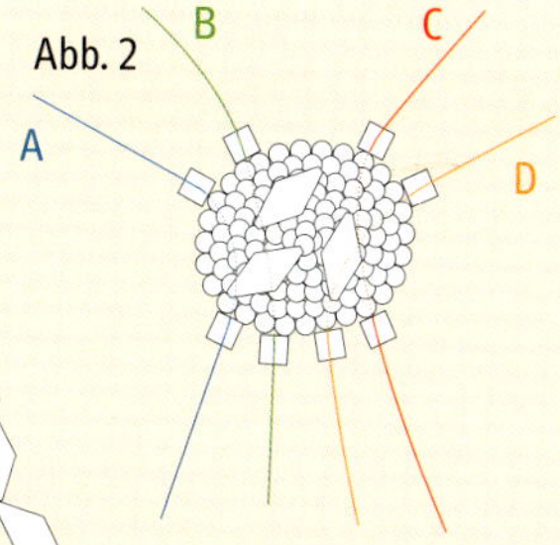

Abb. 3

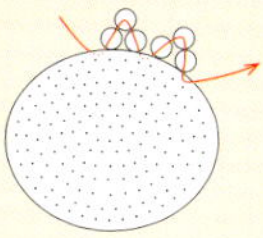

Abb. 4

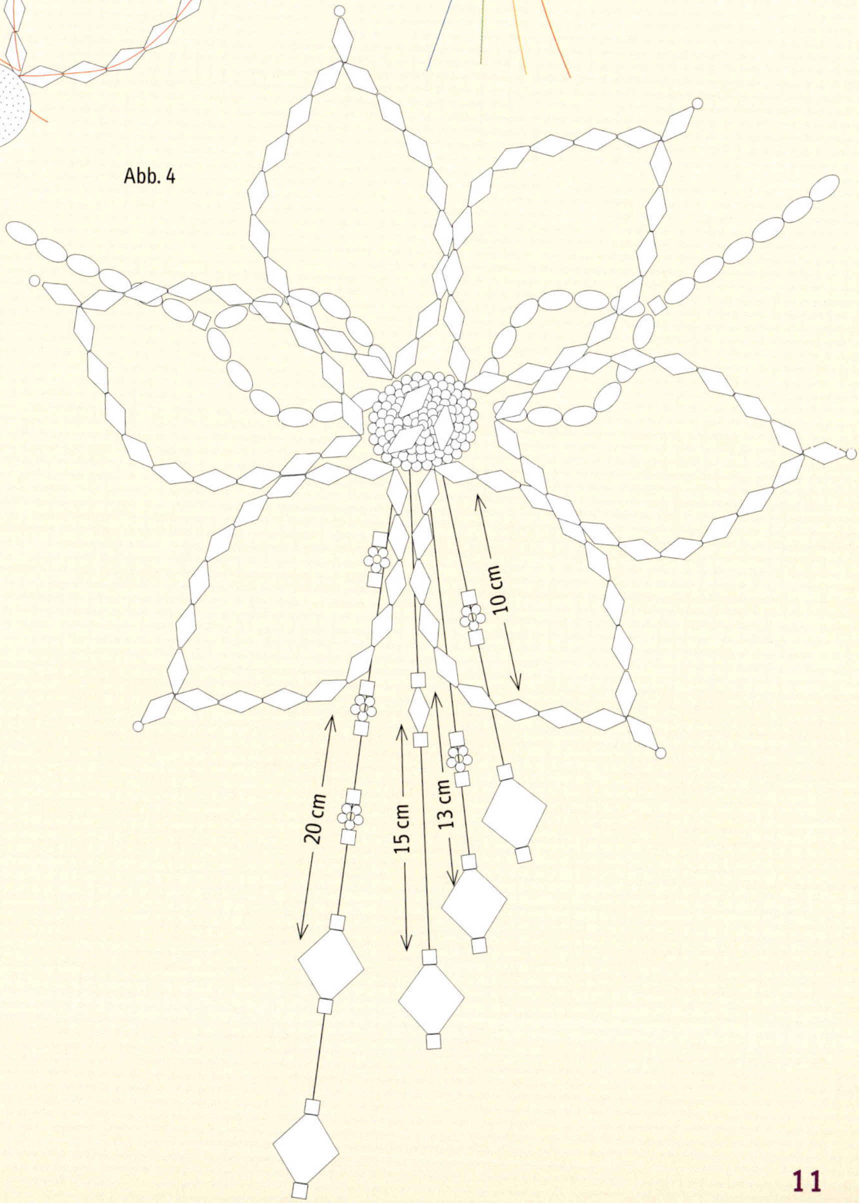

Für die elegante Braut

→ schlicht und edel

Ohrringe

1 Auf einen Schmuckdraht eine Quetschperle und einen Kristall-Würfel aufnehmen und das Drahtende durch die Quetschperle zurückführen. Quetschperle mittig und nahe über dem Würfel fixieren.

2 Die Swarovski®-Perle und eine weitere Quetschperle aufnehmen. Draht durch die Öse des Ohrhakens zur Schlinge legen und durch die Quetschperle zurückfädeln, dann die Quetschperle fixieren. Darauf achten, dass die Enden des Schmuckdrahtes in der Swarovski®-Perle liegen! Den zweiten Ohrring genauso arbeiten.

Collier

1 Das lange Stück Schmuckdraht auf die passende Länge zuschneiden, dabei den Verschluss mit einrechnen. An einem Drahtende eine Quetschperle fixieren und von dieser ausgehend 30 Swarovski®-Perlen mit jeweils einer dazwischen liegenden Quetschperle (nicht fixieren) aufreihen. Am anderen Drahtende eine weitere Quetschperle fixieren.

2 Gemäß Abbildung die unterschiedlich langen Drahtstücke so anordnen, dass die längsten in der Mitte des Colliers liegen. Die Drahtenden durch die noch losen, zwischen den Swarovski®-Perlen liegenden Quetschperlen ziehen und diese fixieren, sodass ein kurzes Stück zum Hals und das längere nach unten zeigt. Die Anordnung der Drähte soll unregelmäßig sein.

3 An den kurzen Enden je eine Quetschperle fixieren. An den langen Enden Perlen und Würfel in den verschiedensten Positionen mithilfe von Quetschperlen fixieren. An den Drahtenden immer eine Quetschperle anbringen. Abschließend den Verschluss anbringen (siehe Seite 4).

Tipp: Sie können Ohrringe und Collier auch mit goldenem Draht und goldenen Quetschperlen arbeiten. Das wirkt sehr edel.

MATERIAL

OHRRINGE

- 2 Swarovski®-Perlen in Mondstein, ø 8 mm
- 2 Swarovski®-Kristall-Würfel in Mondstein, 6 mm x 6 mm
- 4 Quetschperlen in Silber, ø 1,8 mm
- 2 Ohrhaken in Silber
- Schmuckdraht in Silber, ø 0,4 mm, 2 x ca. 15 cm lang

COLLIER

- ca. 70 Swarovski®-Perlen in Mondstein, ø 6 mm
- 2 Swarovski®-Kristall-Würfel in Mondstein, 8 mm x 8 mm
- 4 Swarovski®-Kristall-Würfel, 6 mm x 6 mm
- ca. 100 Quetschperlen in Silber, ø 1,8 mm
- Schmuckdraht in Silber, ø 0,4 mm, ca. 30 x zwischen 3 cm und 12 cm und 1 x ca. 40 cm lang
- 2 Quetschkalotten in Silber, ø 4 mm
- Drehverschluss in Silber

Seite 8
Seite 10

Ohrringe

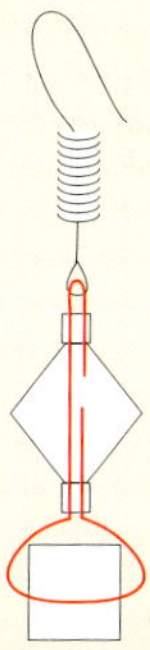

Für die Party

→ ganz trendy

MATERIAL
KETTE

- Swarovski®-Kristall-Herz in Granat, 18 mm x 17,5 mm
- 4 Swarovski®-Kristall-Herzen in Mondstein, 14,4 mm x 14 mm
- 2 Swarovski®-Kristall-Kreuze in Mondstein, 20 mm x 16 mm
- Swarovski®-Perle in Mondstein, ø 8 mm
- Schmuck-Accessoires: je 1 T-Shirt in Orange, Jacke in Smaragd, Täschchen in Gelb, Kleid in Pink
- 12 Ringel in Silber, rund, ø 7 mm
- Ankerkette, echt versilbert, ø 1,2 mm, ca. 50 cm lang
- Kettelstift in Silber, 35 mm x 0,8 mm
- Karabinerverschluss in Silber

ANHÄNGER

- 2 Swarovski®- Kristall-Herzen in Granat, 10,3 mm x 10 mm
- Schmuck-Accessoires: je 1 T-Shirt in Pink, Schuh in Dunkelblau
- 4 Ringel in Silber, rund, ø 7 mm
- Karabiner mit kleiner Kette

Kette

1 An einem Ende der Kette einen Ringel und am anderen Ende einen Ringel und in diesen den Karabinerverschluss einhängen. Auf den Kettelstift die Swarovski®-Perle aufstecken und das Ende mithilfe einer Rundzange zu einer großzügigen Öse biegen.

2 Durch vorsichtiges Auf- und Zubiegen in diese das große rote Herz einhängen. Den Mittelpunkt der Kette ermitteln und in dieses Kettenglied das angefertigte Element einhängen. Von dieser Stelle ausgehend die Anhänger gleichmäßig auf der vorderen Hälfte verteilen und mithilfe von Ringeln einhängen. Dazu bitte an der Abbildung orientieren.

Anhänger

Die Schmuck-Accessoires und die Herzen gemäß der Abbildung mithilfe von Ringeln in die Kette am Karabiner einhängen.

Tipp: Wenn Sie keinen Karabiner mit Kette bekommen, können Sie eine Kette leicht selber herstellen, indem Sie mehrere Ringel ineinander hängen.

Zum Gartenfest

→ fruchtig-frisch

MATERIAL FÜNFBLÄTTRIGER HERZRING

- 5 Swarovski®-Perlen in Feuerrot, ø 6 mm
- 5 Swarovski®-Kristall-Herzen in Mondstein, 10,3 mm x 10 mm
- 5 Glasschliff-Perlen in Smaragd, ø 6 mm
- ca. 26–32 Glasschliff-Perlen in Smaragd, ø 4 mm
- Nylonfaden, ø 0,25 mm, ca. 1,50 m lang

Fünfblättriger Herzring

1 Vier Glasschliff-Perlen (ø 6 mm) auffädeln und die Fadenenden durch eine fünfte, in Abb. 1 mit Pfeil markierte Glasschliff-Perle kreuzen. Arbeitsstück in die Mitte des Fadens schieben. Einen Faden hängen lassen und diesen am Besten durch eine Stopperperle (siehe Seite 3) sichern. Auf den anderen Faden ein Herz, eine Swarovski®-Perle und ein weiteres Herz aufziehen (Abb. 1).

2 Den Faden durch die zweite Glasschliff-Perle des Kreises, nochmals durch das erste Herz und die Swarovski®-Perle führen (Abb. 2).

3 Eine weitere Swarovski®-Perle und ein Herz aufnehmen und den Faden durch die dritte Perle des Kreises, das zweite Herz und die gerade aufgenommene Swarovski®-Perle fädeln (Abb. 3).

4 So die weiteren Herzen und Swarovski®-Perlen einarbeiten.

5 Den auf den Herzen liegenden Kreis aus Swarovski®-Perlen zur Stabilisierung nochmals mit dem Nylonfaden nachfädeln (Abb. 5).

6 Diesen Faden durch ein Herz nach unten und so durch die vorhandenen Glasschliff-Perlen ziehen, dass er gemäß Abbildung 6 austritt. Die evtl. verwendete Stopperperle entfernen. Auf jeden der Fäden für die Ringschiene eine Glasschliff-Perle (ø 4 mm) aufnehmen und die Fäden durch eine dritte kreuzen. Diesen Rapport wiederholen, bis die Schiene lang genug ist.

7 Ringschiene durch Kreuzen in der mit Pfeil in Abb. 6 markierten Glasschliff-Perle schließen. Zur Stabilisierung zurückfädeln. Abschluss der Arbeit siehe Seite 4.

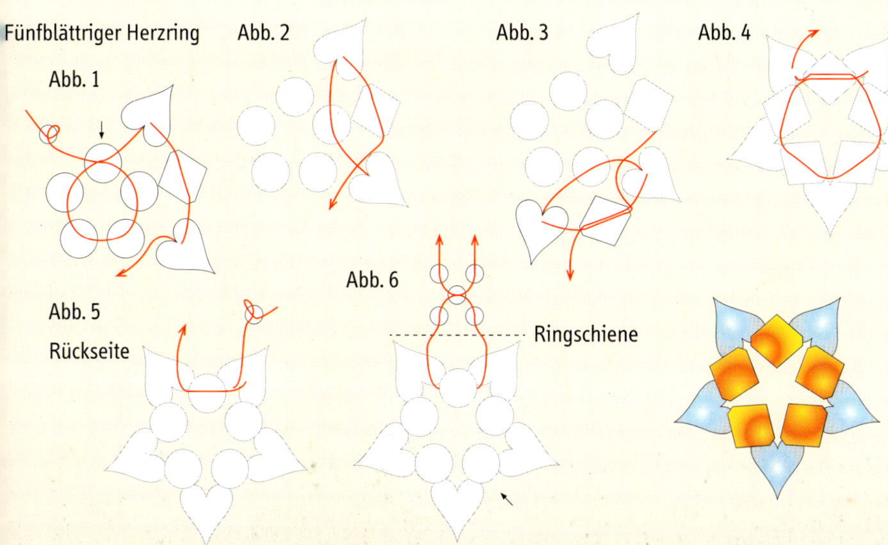

Zum Gartenfest

VIERBLÄTTRIGER HERZRING

- 4 Swarovski®-Perlen in Feuerrot, ø 6 mm
- 4 Swarovski®-Kristall-Herzen in Mondstein, 10,3 mm x 10 mm
- 4 Glasschliff-Perlen in Smaragd, ø 6 mm
- ca. 26–32 Glasschliff-Perlen in Smaragd, ø 4 mm
- Nylonfaden, ø 0,25 mm, ca. 1,50 m lang

HERZIGES COLLIER

- 6 Swarovski®-Perlen in Feuerrot, ø 6 mm
- 8 Swarovski®-Perlen in Mondstein, ø 8 mm
- 6 Swarovski®-Kristall-Herzen in Mondstein, 10,3 mm x 10 mm
- ca. 150–200 Glasschliff-Perlen gemischt in Smaragd und Jaspis (Perlen zwischen ø 3 mm – 6 mm, Radl, Oliven)
- Nylonfaden, ø 0,25 mm, 1 x ca. 1,50 m lang, 1 x ca. 60 cm lang
- 2 Quetschperlen in Silber, ø 1,8 mm
- 2 Ringel in Silber, oval, ø 0,8 mm
- 2 Quetschkalotten in Silber, ø 4 mm
- Karabiner in Silber

Vierblättriger Herzring

1 Der Ring wird nach dem gleichen Fädelprinzip wie der Ring mit fünf Blütenblättern auf Seite 17 hergestellt. Der unten liegende Kreis aus Glasschliff-Perlen besteht hier nur aus vier Perlen, ebenso werden für die Oberseite nur vier Herzen und vier Swarovski®-Perlen verwendet.

2 Die Ringschiene wird durch die mit Pfeil in Abbildung 1 markierte Glasschliff-Perle geschlossen.

Herziges Collier

1 Die Blüte genauso wie beim fünfblättrigen Ring auf Seite 17 beschrieben herstellen. Allerdings statt fünf hier je sechs Perlen und Herzen verwenden.

2 Die Fadenenden nach Fertigstellung der Blüte so durch den unteren Kreis aus Glasschliff-Perlen führen, dass sie gemäß Abbildung 1 austreten. Den zweiten, in Abbildung 1 blau dargestellten Faden, einziehen. Die verschiedenen Glasschliff-Perlen und die Swarovski®-Perlen in Mondstein wahllos zur zweireihigen Kette aufnehmen. Die zwei einzelnen Ketten kreuzen sich auf jeder Seite zweimal, indem beide Fäden gemeinsam durch eine beliebige Perle gezogen werden (s. Abbildung). Dann den Verschluss anbringen (siehe Seite 4).

Tipp: Da die Herzen transparent sind, reflektieren sie die Farbe der oben liegenden Swarovski®-Perlen. Je nach verwendeter Farbe wirkt die Blüte ganz unterschiedlich.

Vierblättriger Herzring

Abb. 1

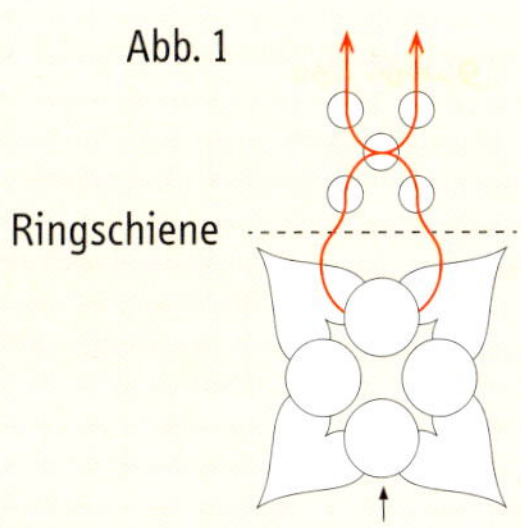

Herziges Collier

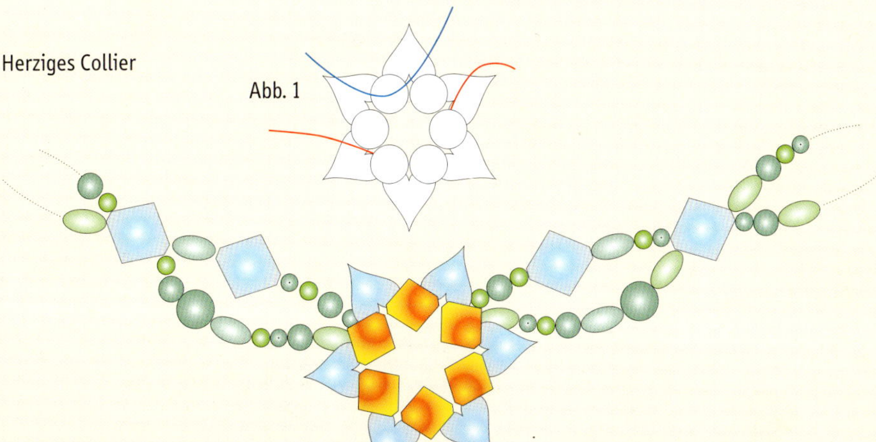

Zur Taufe oder Kommunion

→ Geschenk für einen großen Tag

MATERIAL KETTCHEN MIT KREUZ

- 14 Swarovski®-Perlen in Rauchquarz, ø 4 mm
- Swarovski®-Kristall-Kreuz in Mondstein, 20 mm x 16 mm
- Rocailles in Hellblau alabaster, ø 2,6 mm
- 2 Quetschperlen in Silber, ø 1,8 mm
- Ringel in Silber, rund, ø 7 mm
- 2 Ringel in Silber, oval, ø 8 mm
- 2 Quetschkalotten in Silber, ø 4 mm
- Nylonfaden, ø 0,25 mm, 1 x ca. 50 cm lang
- Karabinerverschluss in Silber

KETTCHEN MIT HERZ

- 37 Swarovski®-Perlen in Rosenquarz, ø 4 mm
- Rocailles in Weiß perlmutt, ø 2 mm
- 4 Quetschperlen in Silber, ø 1,8 mm
- Nylonfaden, ø 0,25 mm, 1 x ca. 1 m lang, 2 x ca. 30 cm lang
- 2 Quetschkalotten in Silber, ø 4 mm
- Drehverschluss in Silber

Kettchen mit Kreuz

1 An einem Ende des Nylonfadens eine Quetschperle anbringen. Zehn Rocailles und eine Swarovski®-Perle im Wechsel aufnehmen und die Kette mit einer Quetschperle abschließen. Den Verschluss wie auf Seite 4 beschrieben anbringen. Das Kreuz in den großen Ringel und in die fertige Kette einhängen.

Kettchen mit Herz

1 Auf den 1 m langen Nylonfaden das Herz gemäß der Anleitung und Skizzen 1 und 2 auf Seite 26 fädeln. Fäden im Arbeitsstück verweben und abschneiden.

2 Auf einen der 30 cm langen Nylonfäden eine Quetschperle fädeln. Den Faden um den Faden am Herz zu einer kleinen Schlaufe legen, wieder durch die Quetschperle ziehen und diese fixieren. Gemäß Abbildung zehn Rocailles und eine Swarovski®-Perle im Wechsel aufnehmen.

3 Die zweite Seite mit dem letzten Nylonfaden genauso arbeiten. Zum Schluss eine Quetschperle anbringen und den Verschluss montieren (siehe Seite 4).

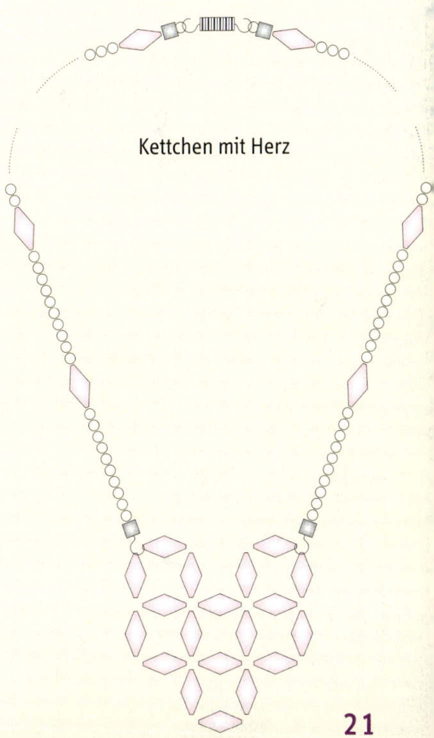

Kettchen mit Herz

Zur Konfirmation oder Firmung

→ toll für Kids

Abb. 1

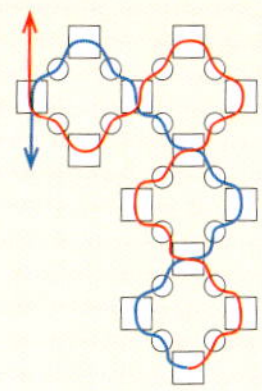

Abb. 2

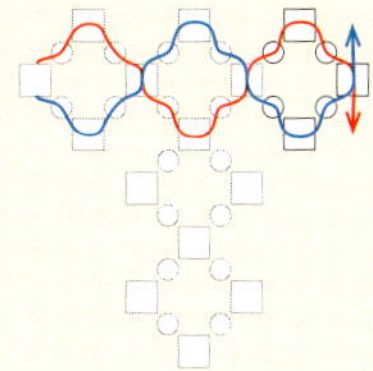

Abb. 3

Abb. 4

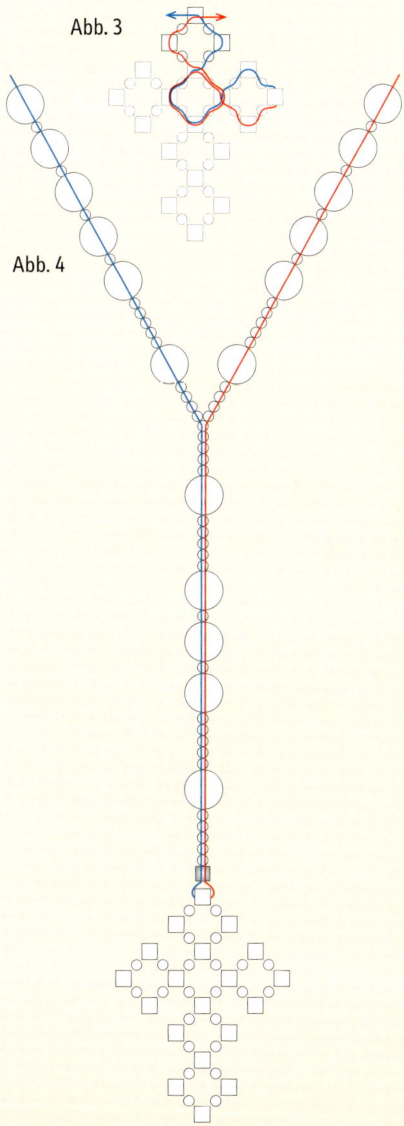

1 Eine Rocaille, einen Würfel, eine Rocaille, einen Würfel, eine Rocaille, einen Würfel und eine Rocaille auffädeln und die Fäden durch einen weiteren Würfel kreuzen. Arbeitsstück in die Mitte des Fadens ziehen. Weitere Rocailles und Würfel gemäß Abbildung 1 bis 3 auffädeln.

2 Die Fäden über dem an der Kreuzspitze sitzenden Würfel mit einer Quetschperle zusammenfassen (Abb. 4). Zuerst auf beide Fäden gemeinsam Rocailles und Swarovski®-Kristall-Perlen aufreihen, dann auf beide Fäden getrennt, dazu an der Skizze und Abbildung orientieren.

3 Zuletzt an jedem Fadenende eine Quetschperle aufziehen, den Nylonfaden durch die Öse des Magnetverschlusses zu einer kleinen Schlinge legen, den Faden durch die Quetschperle und einige darauf folgende Perlen zurückfädeln. Die Quetschperle fixieren und die Fäden abschneiden.

MATERIAL KETTE MIT GROSSEM KREUZ

- 19 Swarovski®-Kristall-Würfel in Mondstein, 4 mm x 4 mm
- 8 Swarovski®-Kristall-Perlen in Mondstein, ø 6 mm
- 11 Swarovski®-Kristall-Perlen in Rosa Chiffon, ø 6 mm
- 12 Swarovski®-Kristall-Perlen in Violett, ø 6 mm
- 10 Swarovski®-Kristall-Perlen in Amethyst, ø 6 mm
- Rocailles in Weiß perlmutt, ø 2 mm
- 3 Quetschperlen in Silber, ø 1,8 mm
- Nylonfaden, ø 0,25 mm, ca. 1,50 m lang
- Magnetverschluss in Silber

Zum Valentinstag oder zur Verlobungsfeier

→ sag's mit Herz

MATERIAL KETTE

- 42 Swarovski®-Perlen in Granat, ø 4 mm
- 4 Swarovski®-Perlen in Klassikrot, ø 4 mm
- 4 Ringel in Silber, oval, ø 0,8 mm
- Ankerkette, echt versilbert, ø 1 mm, 2 x ca. 30 cm lang
- Nylonfaden, ø 0,25 mm, ca. 1,50 m lang
- Karabinerverschluss in Silber

Kette

1 Auf den Nylonfaden drei granatrote Swarovski®-Perlen aufnehmen und die Fäden durch eine weitere, vierte Swarovski®-Perle kreuzen. Arbeitsstück in die Mitte des Fadens ziehen. Die weiteren Swarovski®-Perlen gemäß Abbildung 1 und 2 in Kreisfädelungen zum Herz zusammenfügen. Farbskizze zur Positionierung der vier Perlen in Klassikrot beachten!

2 Die Fäden nach Fertigstellung zur Stabilisierung gewissenhaft und lange im fertigen Herz verweben und schließlich abschneiden.

3 Die Ringel jeweils rechts und links an der in Abbildung 2 mit Pfeilen markierten Position anbringen. In diese wiederum eine Ankerkette einhängen. In das letzte Glied der Kette einen Ringel hängen. Auf einer Seite in diesen einen Karabiner einhängen.

Abb. 1

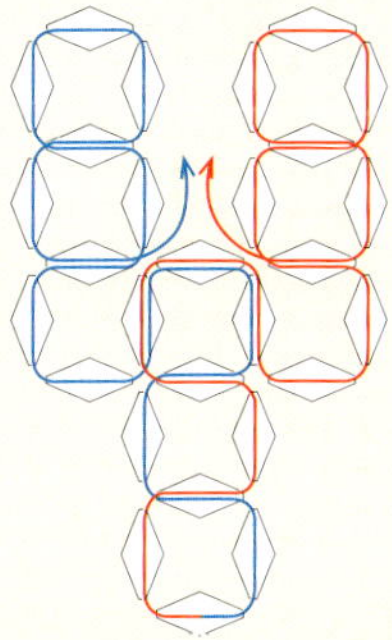

Abb. 2

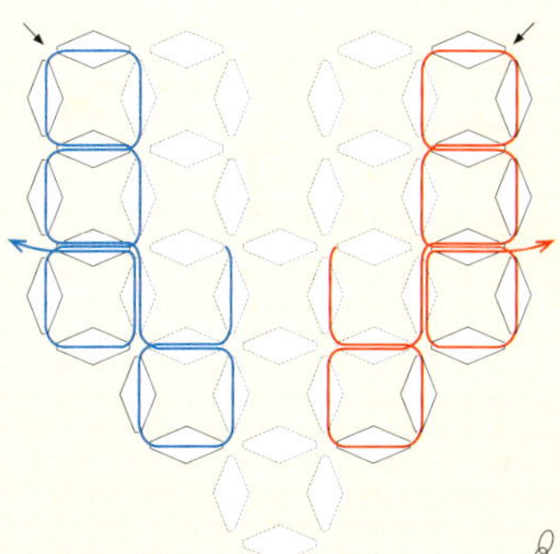

HERZRING AUF RINGSCHIENE

- 18 Swarovski®-Perlen in Klassikrot, ø 4 mm
- Swarovski®-Perle in Rosa Chiffon, ø 4 mm
- Nylonfaden, ø 0,25 mm, ca. 1,50 m lang
- Fingerring aus Plexiglas in Rosa

HERZRING

- 5 Swarovski®-Perlen in Rosa Chiffon, ø 6 mm
- 5 Swarovski®-Kristall-Herzen in Granat, 10,3 mm x 10 mm
- 5 Glasschliff-Perlen in Rubin, ø 6 mm
- 26–32 Glasschliff-Perlen in Rubin, ø 4 mm
- Nylonfaden, ø 0,25 mm, ca. 1,50 m lang

Herzring auf Ringschiene

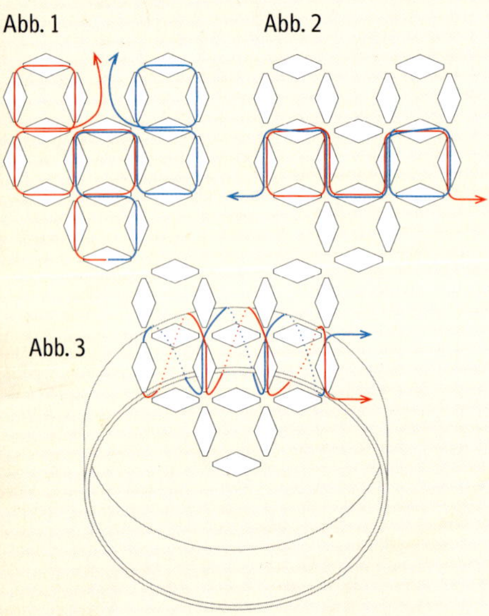

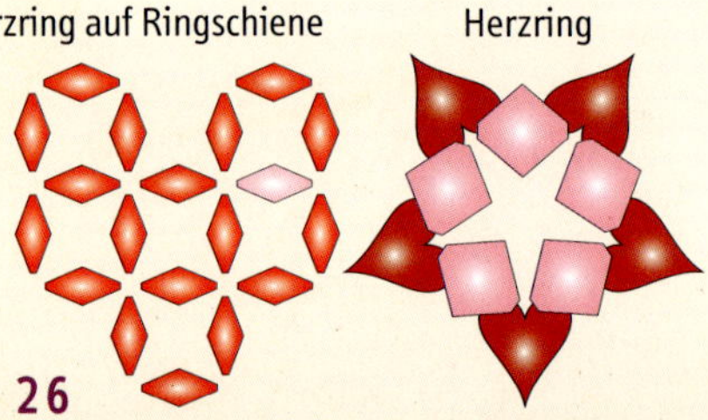

WEITERFÜHRUNG

Zum Valentinstag oder zur Verlobungsfeier

Herzring auf Ringschiene

1 Auf den Nylonfaden drei Swarovski®-Perlen aufnehmen und die Fäden durch eine weitere, vierte Swarovski®-Perle kreuzen. Arbeitsstück in die Mitte des Fadens ziehen. Die weiteren Swarovski®-Perlen gemäß Abbildung 1 und 2 in Kreisfädelungen zum Herz zusammenfügen. Farbskizze zur Positionierung der einzelnen Swarovski®-Perle in Rosa Chiffon beachten!

2 Das fertige Herz gemäß Abbildung 3 auf dem Ring befestigen, dann die Fäden aus Stabilitätsgründen gewissenhaft und lange im Herz verweben und schließlich abschneiden.

Herzring

Fädelanleitung und Arbeitsskizzen siehe Seite 17.

Opern- oder Theaterbesuch

→ ganz modisch

Opern- oder Theaterbesuch

1 Sieben Rocailles auf einen Nylonfaden ziehen und die Fäden durch eine weitere Rocaille kreuzen. Arbeitsstück in die Mitte des Fadens ziehen (Abb. 1).

2 Swarovski®-Perlen in Kardinalrot (ø 4 mm) und Rocailles gemäß Abbildung 2 auffädeln.

3 Fädelmuster gemäß Abbildung 3 weiter arbeiten.

4 Vier Rocailles gemäß Abbildung 4 zwischenfädeln. Die Fäden behutsam so anziehen, dass sich die Rocailles zu dem auf der Rückseite liegenden Kreis aus Rocailles zusammenziehen. Hierbei klappen sich auch die äußeren Swarovski®-Perlen auf die Rückseite. Vorder- und Rückseite sind nun identisch.

5 Die zwei Fadenenden gemäß Abbildung 5 durch die bereits eingearbeiteten Swarovski®-Perlen an den Rand des Arbeitsstückes ziehen und hier die Swarovski®-Perlen in Mondstein (ø 6 mm) einarbeiten. Fäden verweben und verknoten (siehe Seite 4).

6 Auf einen Schmuckdraht eine Quetschperle ziehen und ihn durch die in Abb. 5 mit Pfeil markierte Swarovski®-Perle ziehen. Drahtende durch die Quetschperle zurückführen, diese mittig und nahe über der Swarovski®-Perle fixieren. Eine Swarovski®-Perle in Mondstein

Abb. 1

Abb. 2

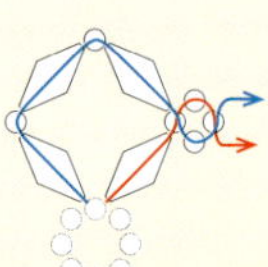

Abb. 3

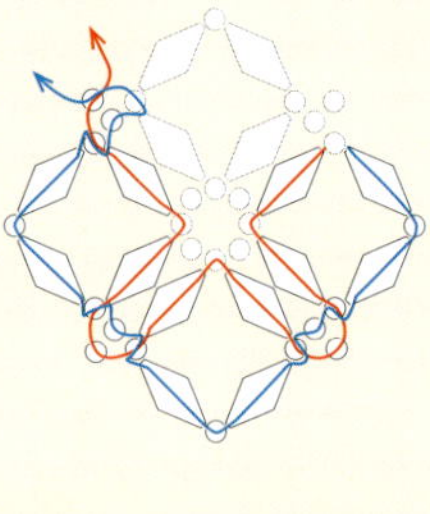

Abb. 4

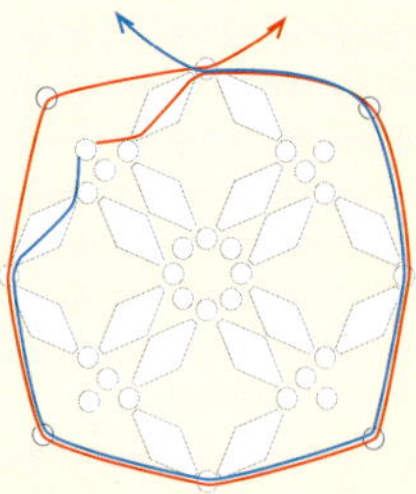

(ø 8 mm) und eine weitere Quetschperle aufnehmen. Den Draht durch das erste Kettenglied der 12 cm langen Ankerkette zur Schlinge legen und durch die Quetschperle zurückfädeln. Quetschperle fixieren. Darauf achten, die Enden des Schmuckdrahtes in der Swarovski®-Perle zu positionieren. Den zweiten Anhänger an der 14 cm langen Ankerkette befestigen.

7 Die verschiedenen restlichen Swarovski®-Perlen einzeln auf einen Kettelstift stecken und diesen so weit kürzen, dass aus dem restlichen Draht mithilfe einer Rundzange gerade noch eine kleine Öse gebogen werden kann. Die so hergestellten einzelnen Elemente in die Ankerkette einarbeiten. Mit einem Element (Mondstein, ø 8 mm) die beiden kurzen Ankerkettenstücke, an denen bereits die Anhänger angebracht sind, zusammenfassen. Dazu eine Öse aufbiegen und beide Ketten einhängen. In die andere Öse Anfangsglied und Endglied der langen Ankerkette einhängen. Die restlichen Elemente auf der gesamten Kette verteilen. Hierfür an der entsprechenden Stelle mithilfe einer Kneifzange ein Glied entfernen und das Element einhängen.

Hinweis: Diese Kette ist ca. 72 cm lang und kommt auf schlichten Kleidungsstücken besonders gut zur Geltung. Sie können sie aber auch kürzer arbeiten und halsnah tragen.

MATERIAL

- 32 Swarovski®-Perlen in Kardinalrot, ø 4 mm
- 6 Swarovski®-Perlen in Kardinalrot, ø 6 mm
- 8 Swarovski®-Perlen in Mondstein, ø 6 mm
- 6 Swarovski®-Perlen in Mondstein, ø 8 mm
- Rocailles in Weiß perlmutt, ø 2 mm
- 10 Kettelstifte in Silber, 35 mm x 0,8 mm
- Ankerkette, echt versilbert, ø 1 mm, je 1 x ca. 90 cm, 14 cm und 12 cm lang
- Nylonfaden, ø 0,25 mm, 2 x ca. 1 m lang
- Schmuckdraht in Silber, ø 0,4 mm, 2 x ca. 15 cm lang

Abb. 5

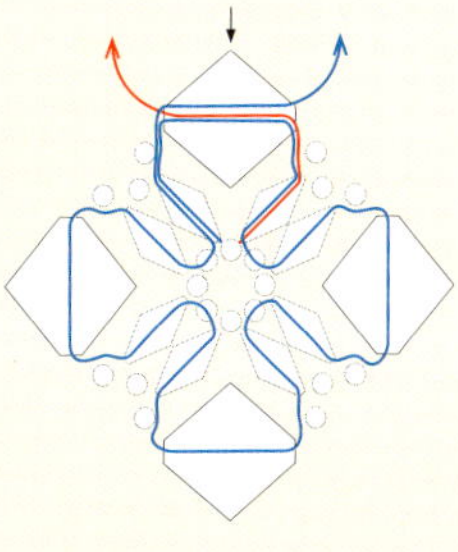

Rauschende Ballnacht

→ vornehm und wertvoll mit Nerz

MATERIAL HALSSCHMUCK

19 Swarovski®-Kristall-Tropfen in Mondstein, 11 mm x 5 mm

17 Glasschiff-Perlen in Bergkristall, ø 4 mm

Satinband in Schwarz, 1,5 cm breit, 2 x 40 cm lang

Nylonfaden, ø 0,25 mm, ca. 1,50 m lang

2 Nerzschweife in Schwarz, ca. 16 cm lang

Nähnadel

ARMBAND

121 Swarovski®-Perlen in Mondstein, ø 4 mm

Satinband in Schwarz, 1,5 cm breit, 2 x 30 cm lang

Nylonfaden, ø 0,25 mm, ca. 2 m lang

2 Nerzschweifenden in Schwarz (ca. 8 cm lang)

Nähnadel

Halsschmuck

1 Drei Swarovski®-Kristall-Tropfen auf den Nylonfaden ziehen und die Fäden durch einen vierten Tropfen kreuzen. Arbeitsstück in die Mitte des Fadens ziehen. Auf jeden Faden einen weiteren Tropfen aufnehmen und die Fäden durch einen weiteren Tropfen kreuzen. Diesen Vorgang wiederholen, bis alle 19 Tropfen verarbeitet sind (Abb. 1).

2 Die Tropfen durch Anziehen der Fäden bündeln. Die Fäden gemäß Abbildung 2 nochmals durch die seitlichen Tropfen ziehen und durch den letzten die Fäden kreuzen. Dann die Schiene auf der Rückseite des Schmuckelements ausarbeiten. Hierfür auf jeden Faden eine Glasschliff-Perle aufnehmen und die Fäden durch eine weitere Glasschliff-Perle kreuzen. Sind alle Perlen aufgezogen, die Schiene durch Kreuzen im mit Pfeil markierten Tropfen schließen (Abb. 2). Die Schiene zur Stabilisierung wieder zurückfädeln, die Fäden aber nicht abschneiden.

3 Beide Nerzschweife auf ca. 15 cm kürzen, dazu die schmalen Schwanzspitzen abnehmen (Abb. 3). Diese können für das Armband verwendet werden.

4 Nerzschweife mittig aneinander nähen. Darauf achten, dass die Wuchsrichtung der Haare von der Mitte aus nach außen verläuft (Abb. 4). Das Satinband auf jeder kurzen Seite annähen, dann das Fellstück mit einem Matratzenstich zum Schlauch schließen (Abb. 5).

5 Das Schmuckelement auf den Nerzschlauch ziehen, in der Mitte mit den Fadenenden auf dem Nerz zusätzlich festnähen. So kann es sich nicht drehen.

Collier

Abb. 1

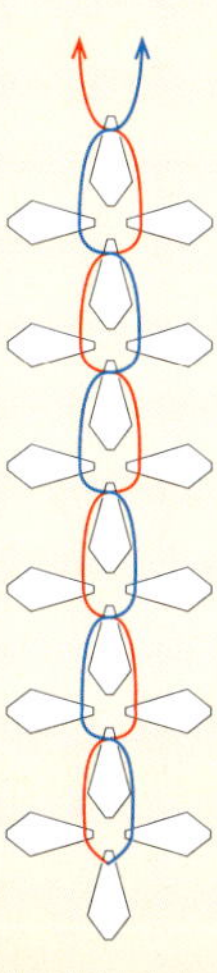

Abb. 2

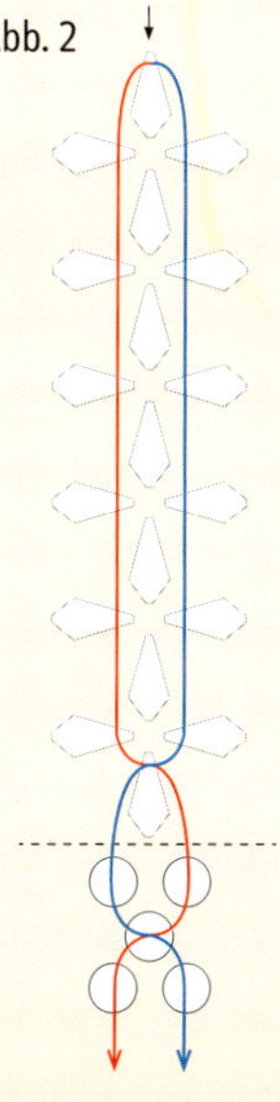

Abb. 3

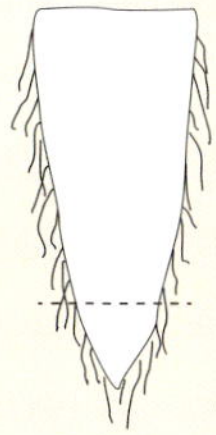

Abb. 4

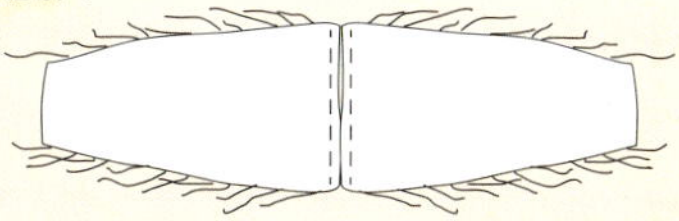

Abb. 5

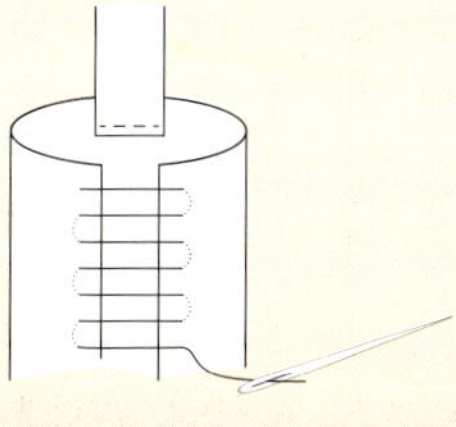

WEITERFÜHRUNG

Rauschende Ballnacht

Tipp: Nerzschweife erhalten Sie sehr günstig beim Kürschner. Möchten Sie keinen echten Pelz verwenden, können Sie selbstverständlich auch Kunstfell verwenden. Achten Sie aber auf eine gute Qualität.

Armband

1 Drei Swarovski®-Perlen auf den Nylonfaden aufnehmen und die Fäden durch eine weitere Swarovski®-Perle kreuzen. Arbeit in die Mitte des Fadens ziehen. Auf jeden Faden eine Swarovski®-Perle aufnehmen und durch ein dritte kreuzen. Diesen Rapport noch achtmal wiederholen. Auf jeden Faden eine Swarovski®-Perle aufnehmen und die Fäden durch die mit Pfeil in Abbildung 1 markierte Perle kreuzen.

2 Eine zweite, dritte, vierte und fünfte Reihe gemäß Abbildung 2 anschließen. Die Fäden möglichst lange im Arbeitsstück verweben und dann abschneiden.

3 Beide Nerzschweifenden auf ca. 8 cm bis 9 cm kürzen. Die Schweife mittig aneinander nähen, das Satinband auf jeder kurzen Seite annähen. Dann das Fell mit einem Matratzenstich zum Schlauch zusammennähen (Abb. 4 und 5, Seite 31).

5 Das Schmuckelement mittig auf den Nerzschlauch ziehen.

Tipp: Verwenden Sie für dieses Projekt die abgeschnittenen Schwanzspitzen des Colliers auf Seite 30.

Armband

Abb. 1

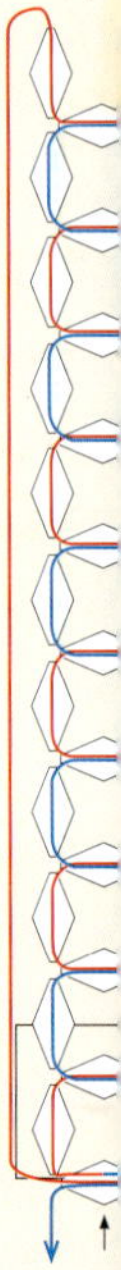

Abb. 2

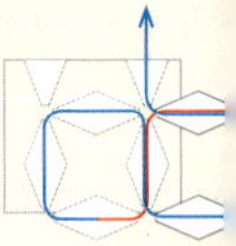

IMPRESSUM

Wir danken der Firma Rayher Hobby GmbH, Laupheim, für die freundliche Unterstützung.

FOTOS: frechverlag GmbH, 70499 Stuttgart; Fotostudio Ullrich & Co., Renningen, Seite 5: Hans Peter Hauff, Konstanz

DRUCK: frechdruck GmbH, 70499 Stuttgart

Auflage: 5. 4. 3. 2. 1.
Jahr: 2009 2008 2007 2006 2005 [Letzte Zahlen maßgebend]

ISBN 3-7724-3404-5
Best.-Nr. 3404